Carlos Arturo Molina-Loza

Casal... Que Bicho é Esse?

Diretor
Alcebino Santana

Direção de Arte
Tiago Rabello

Projeto Gráfico e diagramação
Walkiria Pereira Campos

Revisão
Fabiana Guimarães

Capa
Walkiria Pereira Campos

Ilustrações
Marcelo Bicalho

Elaborada por Bibliotecária Janaína Ramos- CRB-8/9166

M722c

Molina-Loza, Carlos Arturo

Casal... que bicho é esse?: passos para uma compreensão ecoetológica da incompreensão na relação homem-mulher / Carlos Arturo Molina-Loza; Ilustrações de Marcelo Bicalho. – 2. ed. – Belo Horizonte: Artesã, 2024.

112 p., il.; 16 X 23 cm

ISBN 978-85-7074-116-5

1. Aconselhamento psicanalítico. 2. Relações humanas. I. Molina-Loza, Carlos Arturo. II. Bicalho, Marcelo (Ilustrador). III. Título.

CDD 158.3

Índice para catálogo sistemático
I. Aconselhamento psicnálitico

IMPRESSO NO BRASIL
Printed in Brazil

(31)2511-2040 (31)99403-2227
www.artesaeditora.com.br
Rua Rio Pomba 455, Carlos Prates – Cep: 30720-290 | Belo Horizonte – MG
/artesaeditora

Carlos Arturo Molina-Loza

CASAL ... QUE BICHO é ESSE?

Passos para uma compreensão ecoetológica da incompreensão na relação homem-mulher

Ilustrações de Marcelo Bicalho

Artesã

Sumário

PREFÁCIO 9

O Jogo do Bicho 13

A célula... 14

... e o seu núcleo 15

Casamento é um bicho de sete cabeças? 21

Por que as mulheres têm tanta dificuldade para compreender os homens? 23

Um Chimpanzé 25

Um Lobo 27

Um Tatu 29

E os homens, por que têm tanta dificuldade para compreender as mulheres? 33

Uma Golfinha 35

Uma Tartaruga 37

Uma Arara 39

E? 41

O casal casado 43

Saudades 45

Encontros ou encontrões? 49

Outros bichos entram em cena 51

Quando as coisas chegam nesse ponto.... 57

Mas precisa mesmo chegar nesse ponto? 61

Se não ficarmos alertas... 69

A pergunta que fica é: 70

Epílogo 71

Uma visão pessimista 73

Uma entrevista com a Coruja 75

NOVOS BICHOS, NOVAS HISTÓRIAS 81

Anos após, novas conversas
com pardais especialistas 83

O papel da expectativa 83

Um Leão 85

Um Urso Panda 87

Um Tigre 89

Enquanto isso, do lado dele? 90

Uma Castora 91

Uma Ovelha 93

Uma Pantera 95

E como funciona isso tudo no dia-a-dia? 96

Os loucos não são vocês, mas eu! 97

O casal desperdiçado.. 99

CERTIFICADOS 101

Lista de ilustrações 109

Ilustrador 111

PREFÁCIO

Há muitos anos, ao escutar o relato de uma mulher que tentava "educar" o marido, fazê-lo mudar, lembrei-me de um tatu com quem eu havia convivido: a semelhança entre um e outro era notável. Assim começou a ser construída a metáfora do Marido-Tatu. Não demorou para que percebesse que esse mesmo marido se queixava de uma mulher que poderia ser caracterizada como uma arara. Eles eram feitos um para o outro, constituíam um casal "perfeito": o Tatu e a Arara representavam a desarmonia total, a incompreensão permanente. Devido à minha mania de "metaforizar" quase tudo, vi aparecer os outros dois pares que entrariam na composição do casal, a Golfinha e o Chimpanzé para representar a fase do idílio, e a Tartaruga e o Lobo, a do casamento. Como uma metáfora puxa outra, continuei a trabalhar nesse sentido, e quando dei por mim, tinha nas mãos o projeto de uma metáfora em forma de livro.

Ao ver o resultado, pensei em Marcelo Bicalho, com quem já havia feito parceria em outros trabalhos. Ele aceitou de imediato e deu ao *Bicho* – assim foi apelidado este livro logo depois do seu nascimento – a cara que tem. Graças a isso, a edição não demorou a se esgotar. O *Bicho* desapareceu das livrarias. E assim ficou por muito tempo.

Vinte e cinco anos após ter recebido a visita do casal de pardais que, depois de pousar no parapeito da minha janela, ajudara-me a compreender a dinâmica das relações dos casais humanos, e cujas sábias palavras deram origem a este livro, eis que os vejo aparecerem de novo. Desta vez, traziam uma nova contribuição: ajudados por outros três casais – o Leão e a Castora, o Urso Panda e a Ovelha, o Tigre e a Pantera – eles discorreram sobre como as respectivas expectativas de cada um dos cônjuges podem criar dificuldades e provocar uma deterioração definitiva da relação.

Assim que terminaram de conversar comigo e alçaram voo, resolvi assumir a responsabilidade desta nova edição do *Bicho.* Mantive o corpo do texto sem grandes modificações e agreguei o aporte dos Pardal.

Se você tem este livro nas mãos, quer dizer que o sonho da segunda edição foi realizado, e só nos resta esperar que este *Bicho*, remoçado, volte a conquistar os leitores e sirva para dar umas boas cutucadas em casais que caíram nas armadilhas da rotina e da desilusão.

Boa leitura!

Carlos Arturo Molina Loza

O Jogo do Bicho

A partir do seu testemunho, isto é, a confissão da angústia que só acomete aqueles que ousam dedicar-se à terapia de casais, o autor fala das condições em que desenvolve seu trabalho.

Algo inesperado o faz interromper sua reflexão e abandonar sua ideia original de escrever o texto Passos para uma compreensão ecoetológica da incompreensão na relação homem-mulher, para se limitar a transcrever o diálogo mantido por um casal especial e diferente: os Pardal. Esses, inopinadamente, aparecem no parapeito da sua janela e o distraem com uma animada e interessante conversa. O tema, que não podia deixar de captar seu interesse, poderia intitular-se "O jogo do bicho".

Nesse diálogo, de forma sucinta e bem-humorada, os Pardal, além de darem nome aos bois, fornecem uma visão da vida do casal humano no seu processo de involução zoomórfica.

Eles apresentam uma galeria de bichos e nos conduzem do namoro entre a Golfinha e o Chimpanzé à briga desenfreada entre a Arara e o Tatu, passando pela difícil convivência da Tartaruga com o Lobo.

Logo discorrem sobre a briga do Cão e do Gato, bem como sobre a possível, e muito provável, ingerência de certos terceiros e terceiras... galinhas e garanhões. Notam, de passagem, a influência que pode ser exercida pela Dra. Hiena, pelo Dr. Abutre e o Dr. Urubu, e as possibilidades de que tudo dê zebra. Sublinham a necessidade de, no meio de tamanha confusão, proteger os filhotes, que nada têm a ver com o peixe.

Para concluir, como nem sempre tudo está perdido, lembra-se de que uma conversa com a Coruja pode abrir novos horizontes, porque, ao final das contas, convenhamos, a Golfinha e o Chimpanzé merecem uma segunda chance.

A célula...

Quando comecei a fazer terapia familiar, tinha a sensação de que teria o privilégio de trabalhar com a célula fundamental da sociedade. Ah, como isso me parecia importante! Não levei em conta que há muitas outras coisas que nossa sociedade considera mais importantes que a chamada célula fundamental. [E aqui seria injusto pretender que o problema seja da sociedade: ela se preocupa com a produtividade, com o que dá lucro. Ingenuidade a minha...]. Mas não desisti e continuei trabalhando.

Em poucos anos, cheguei à conclusão de que a construção de uma família harmoniosa é uma das tarefas mais complexas e difíceis do ser humano. Não existe um manual de instruções que nos indique, de uma boa vez por todas, como fazer essa bendita construção. Sempre que pensamos estar acertando, zás, eis que nos defrontamos com um novo problema, com uma nova dificuldade que nos dá a impressão de que nunca conseguiremos resolvê-la. Quantas e quantas vezes já nos ocorreu levantarmos os olhos para o céu e, em tom meio desesperado, meio agressivo, perguntar: *"Mas onde foi que eu errei?!"*.

... e o seu núcleo

Não seria, então, a construção da família a tarefa mais difícil entre todas as tarefas difíceis, que no decorrer da sua vida enfrenta o ser humano? Bem que poderia ser, mas minha opinião é que, infelizmente, para nós existe uma tarefa ainda mais complicada, complexa e difícil. Qual poderia ser? A construção do ***núcleo*** da ***célula*** fundamental da sociedade: a construção de um casal harmonioso.

Sujeito a mil pressões e a duas mil mudanças, um casal sempre será uma questão em aberto. Mesmo quando lhe dedicamos os nossos melhores cuidados, nada podemos afirmar em relação ao que poderia vir a suceder. É possível ter uma ideia do que já ocorreu – sem esquecer que, nesse caso, também enfrentamos a realidade da existência de diversas versões muitas vezes contraditórias –, mas do que ocorrerá, jamais!

O casal, como afirmamos linhas atrás, constitui o núcleo da célula fundamental da sociedade: a família. Quem sabe não é por isso que, em nossa sociedade,[1] o casal recebe menos atenção que qualquer uma das outras instituições existentes. Poucas são as oportunidades que esta nossa sociedade oferece, ao casal, de aprimorar suas aptidões para a realização de sua tarefa funda-

1 Tenho arrepios cada vez que digo ***nossa*** sociedade

mental. Muito pelo contrário, cada vez são maiores os obstáculos que devem ser superados para realizar essa construção.

Os modelos dos pais e dos avós estão aí para acenar com uma possibilidade, mas eles funcionaram em um outro tipo de sociedade. As bases que os sustentaram sumiram; agora a realidade é bem outra. Com que ajuda se conta?

Já dispomos de alguns livros tanto sobre o casal quanto sobre os processos terapêuticos envolvendo casais, mas nem sempre suas ideias conseguem nos ajudar a desempenhar nossa tarefa com todo o sucesso que gostaríamos. Por outro lado, qual o terapeuta de casais não sentiu, em algum momento, que se não se cuidasse, aquele contato com as duas pessoas à sua frente, um marido e uma esposa, poderia conduzi-lo à loucura? Que fazer quando, no meio de uma sessão, um dos parceiros relata um "fato" da vida do casal, e o outro, à medida em que a história está sendo desenrolada, vai fazendo uma cara de espanto que nada mais é do que o prenúncio de uma enérgica declaração afirmando exatamente o contrário? Eu, muitas vezes, tenho a sensação de que ambos estão dizendo a verdade, isto é, a sua verdade. E mais: que ambos têm a sensação de que o outro mente de propósito ou está ficando doido.

E o terapeuta? Deveria assumir um papel que não lhe corresponde, o papel de juiz, ficando do lado de um ou do outro e decidindo quem está certo e quem está errado? Claro que não, porque nesse caso, além de abdicar da sua função de terapeuta, partiria do pressuposto de que ele é o possuidor de uma verdade absoluta e aplicável a todo mundo – "verdade" que até os simples mortais sabemos que não existe. Certo, mas como sair do impasse? Eu, no consultório, disponho de um pequeno cartaz que exibe a seguinte pergunta: ***"Querem me enlouquecer?".*** O que ocorre comigo, o terapeuta, não é mais que um pequeno reflexo do que está acontecendo com eles, o casal.

Como vemos, a pergunta formulada pelo terapeuta continua em pé: "Por que é tão difícil construir um casal harmonioso?". "Por que resulta tão difícil atender e auxiliar um casal que – no meio de uma crise brava – está em busca de uma saída saudável?".

E essa era a pergunta que girava dentro da minha cabeça no fim de uma ensolarada manhã de verão, depois de encontrar um desses casais em crise, que me levam à beira da exaustão e da desilusão, quando reparei que um simpático casal de pardais havia interrompido seu voo e escolhido o parapeito da janela da minha sala para fazer uma pausa. Com eles ali parados, um junto do outro, foi a vez da minha imaginação alçar voo.

É engraçado, comentei com os meus botões, eu associo a palavra ***pássaro*** à palavra canto, no entanto nunca ouvi um pardal cantar. Sei que muitos ***pássaros*** não cantam, pensei, mas isso não diminuiu meu desconforto. Era como se, para mim, pelo fato de serem pássaros, os pardais da minha janela tivessem de cantar!

Nessas estava, quando me lembrei das histórias que nos contava minha avó. Nelas, muitas vezes a característica principal do herói era, de fato, saber compreender a linguagem dos animais. Sua convicção ao nos entregar cada conto era tão grande, que nenhum de nós ousava sequer duvidar da veracidade das suas palavras. Claro que tínhamos total certeza de que, alguma vez, em tempos remotos e reinos distantes, os seres humanos haviam possuído o dom de compreender a linguagem dos animais.

Longe havia viajado, quando, de repente, o sussurro de duas vozes veio tirar-me dos meus devaneios. Minha primeira reação foi me virar para ver se havia mais alguém na sala comigo. O casal de pardais ainda estava movimentando-se no parapeito da janela. Qual não foi minha surpresa ao descobrir que o rumor de vozes que ouvira provinha deles. Em um primeiro momento, recusei-me a dar crédito ao que estava ocorrendo, mas, por via das dúvidas, resolvi não tomar nenhuma atitude que pudesse assustar os passarinhos e provocar sua partida. Ao prestar atenção, pude perceber que conversavam. Era uma fantasia saída da minha cabeça? Não! Mas não faltarão incrédulos para achar isso surpreendente – e podemos até lhes dar razão. E mais surpreendidos ficarão quando eu lhes contar qual era o tema da conversa: o meu casal de pardaizinhos discorria sobre as vicissitudes da vida de casal, suas dificuldades e possibilidades!

Não falavam, é claro, de casais de pardais; sua conversa girava em torno da questão do casal constituído pelo bicho humano, o homem e a mulher. Não nego que possa haver quem, numa atitude de incredulidade, opte por não acreditar. Eu, da minha parte, não tentarei convencer ninguém... de nada. Vou, sim, permitir-me transcrever a conversa que tive com meus dois pequenos amigos, o casal de pardais. Por quê? Porque, além de constituir um fato extraordinário, pelo seu teor, pode ser de grande utilidade para aquelas pessoas interessadas pelo tema: o casal.

O pequeno texto que se segue é, pois, a transcrição textual da conversação dos pardais da minha janela,[2] que, com grande paciência, responderam às minhas impertinentes perguntas.[3]

Eu sei muito bem que, no Brasil, as coisas são muito diferentes. O casalzinho, como vim a saber depois, era dado a longas viagens e pode ter aprendido o que sabia sobre casais humanos em outras distantes latitudes. Decido apresentá-lo ao público brasileiro, porque pretendo trazer uma pequena contribuição para a compreensão dessa incompreensão que é tão comum entre os membros de um casal. Quem sabe entre os leitores haja quem, além de dar boas risadas, possa identificar algumas das situações por eles descritas e aproveitar para fazer uma reflexão que poderá ser muito salutar.

Mas está na hora de ouvirmos os dois amáveis pardais. Segurem-se, porque o ***bicho*** vai pegar.

---

2 O texto reproduz a fala deles. Da minha lavra são, apenas, as perguntas que lhes formulei e os subtítulos, que foram agregados com o único intuito de tornar a leitura um pouco mais amena.

3 Acabei não escrevendo o texto que tinha em mente: "Passos para uma compreensão eco etológica da incompreensão na relação homem–mulher". Pode ser que um dia ainda venha a fazê-lo.

SEGURA AÍ QUE
O BICHO VAI PEGAR...

Casamento é um bicho de sete cabeças?

Desculpem minha ousadia ao interromper sua animada conversa. Mas, dado que estão falando de um tema que me é muito caro, gostaria de aproveitar para lhes fazer uma pergunta que há tempos venho me fazendo:

– Por que homens e mulheres experimentam tanta dificuldade para construir os seus casais? Por que sempre têm tantos problemas e tantas vezes acabam rompendo relacionamentos que, de fato, poderiam, se bem cultivados, render frutos maravilhosos?

– Há vários motivos, mas, para começar, apontaremos um bem simples: Tanto homens quanto mulheres acham que o fato de tudo começar de forma maravilhosa[4] significa que tudo irá continuar sempre da mesma maneira... muito bem.

– O que, claro, acaba por não ser verdadeiro, mas o importante é que se saiba o porquê.

– Porque há algo que ambos os parceiros ignoram e, ao ignorá-lo, permitem que tudo aquilo que era tão bom acabe indo por água abaixo.

– Está bem, mas vamos ser mais objetivos e começar respondendo à primeira pergunta:

---

4 O período de namoro do bicho humano é maravilhoso.

Por que as mulheres têm tanta dificuldade para compreender os homens?

– Para respondermos a essa pergunta, temos que lembrar que a grande maioria das mulheres – para não exagerarmos afirmando que a absoluta maioria delas – ignora que um homem está constituído por diversos ***bichos***...

– Diversos ***bichos***, você disse?

– Foi. Três, para sermos exatos.

• • •

Um Chimpanzé

Um homem é, para começar, um *Chimpanzé*. Conheces os chimpanzés? Sabes como eles são? Não? Bem, o Chimpanzé é um exímio sedutor. A presença de uma fêmea parece provocar nele uma excitação incontrolável, que o leva a fazer toda uma série de macaquices no intuito de chamar sua atenção. Ele não tem sossego até conseguir...

Quando decide partir para uma conquista, faz uso de todos seus recursos, que não são poucos, e dá mostras de uma persistência tão inigualável quanto invejável. Além de esperto, é um imitador nato, experimenta um prazer especial ao fazer imitações: é mestre em imitar a imagem que sabe que a fêmea tem do parceiro ideal; é um verdadeiro ***camaleão***. É envolvente e aprende, com uma rapidez extraordinária, a fazer aquilo que a fêmea espera que ele faça: aprende a adaptar-se aos gostos e aos desejos da sua feliz eleita – e faz até o impossível para vê-la satisfeita. É comunicativo ao extremo, pois sabe que as mulheres se rendem aos encantos de quem é comunicativo. Seu olhar é enigmático e portador de inúmeras e românticas mensagens. É um bom observador e não deixa escapar nada que possa interessá-lo. Nunca deixa de perceber detalhes suscetíveis de ajudá-lo na hora da conquista. Sua brilhante inteligência é digna de nota e nunca passa despercebida.

Uma das características mais marcantes do Chimpanzé é a extraordinária força que possui, sobretudo a dos seus braços, com os quais sabe dar uns abraços muito gostosos. É, também, muito brincalhão, sempre está de bom humor. Sabe brigar, mas tratando-se da sua amada, releva com a maior facilidade; logo fica manso feito ***cordeirinho***, não guarda mágoas. Muito afetuoso, adora rolar no chão, abraçado com a eleita do seu coração. Quando está do lado dele sente ***borboletas*** na barriga. De tão orgulhoso, parece um ***pavão***.

– E quando está longe?

– Fica indócil, irreconhecível, dir-se-ia que mais parece um ***peixe*** fora d'água.

– Sem dúvida, um ***bicho*** simpaticíssimo...

Um Lobo

Mas ocorre que o nosso homem também é um ***Lobo***. E como bom Lobo, faz questão absoluta de marcar, com muita precisão, seu território. Não deixa nenhuma dúvida a respeito de onde ele começa e onde ele termina. Quem quiser se aventurar nele, deverá ater-se às consequências, sem que ele se importe com a cor ou com o tamanho! Qualquer presença ameaçadora provoca um rosnado bem característico, que com frequência vem acompanhado de um ouriçar do pelo e uma exibição dos dentes. Ai de quem ousar mexer com sua fêmea! Um pequeno deslize do desavisado pretendente pode custar-lhe caro. Tem um olhar ameaçador que desencoraja qualquer candidato a gaiato, desses que acham que "caiu na rede é ***peixe***", e uma profunda visão, capaz de perceber qualquer sinal de ameaça. Sua resposta não se faz esperar: é quase imediata e pode ser definitiva. Ele quer que se saiba que é o único a cantar de ***galo*** nesse terreiro.

O Lobo é capaz de fazer de tudo para garantir o sustento da sua parceira e das suas crias. É uma questão de honra. Para fazê-lo, porém, com certa frequência deve ausentar-se por longos períodos do lar. A caça não está disponível, nem por perto, nem facilmente. Para dar conta do recado, deve ficar muito tempo longe da toca. É, vamos reconhecer, um excelente provedor e faz absoluta questão de ser reconhecido por isso. Sua autoestima depende, em boa medida, desse reconhecimento. Quando sua parceira não reconhece seu esforço e seu sucesso, fica tão triste e amuado, que mais parece um ***cão*** sem dono.

Mas sua constante luta pela sobrevivência – dele e da sua família – deixam-no muito estressado. Nessas circunstâncias, que ninguém pense em chegar perto dele, fica com um humor de ***cão***!

– Com o Lobo completa-se a descrição da constituição do homem?

– Não. Para concluir a primeira etapa de identificação do homem, será preciso que agreguemos mais um personagem da sua composição.

Um Tatu

O homem também é um *Tatu*, e como tal possui um cérebro minúsculo, o que o torna praticamente inadestrável, ineducável. Tentar adestrá-lo é decidir perder tempo da maneira mais inútil. Faz aquilo que faz, da forma que sempre fez e daí não passa. Não conta com imaginação suficiente para supor que as coisas poderiam mudar. E, insistamos, é uma tarefa vã querer que ele aprenda a ser diferente. Tatu nasceu e Tatu morrerá – e ele se orgulha disso.

Não se pode esquecer que tem um mijo muito fedido e vive deixando o território marcado por ele, atitude que parece provocar-lhe uma certa satisfação. Também, temos de lhe fazer justiça; qual o bicho consegue viver sem marcar de maneira clara seu território? É insociável ao extremo e ao menor barulho se esconde e deixa atrás de si uma terrível bagunça que nunca conserta.

É muito exigente. As coisas têm de ser feitas da maneira que ele quer, do contrário fica agressivo e muito irritado. Sua forma de manifestar descontentamento é característica: tranca-se e se recusa a comunicar abertamente sobre o assunto. Se alguém quiser compreendê-lo, terá de adivinhar seu pensamento. No fundo, sempre conta com um álibi e acredita que não falar significa não dizer nada.

Uma das suas características mais salientes é que tem uma couraça muito forte, a qual lhe serve de proteção contra qualquer agressão e até qualquer aproximação que lhe pareça um pouco ameaçadora. Sua barriga é bastante fofa e sensível, mas não tente chegar perto, pode ser muito perigoso, isso o deixa nervoso, descontrolado e com a sensação de fragilidade, algo que ele detesta!

Não pode ser incomodado e, à primeira suspeita de intrusão na sua vida particular, corre para se esconder no fundo de um buraco, que é dele, só dele e de ninguém mais do que ele! Que fique claro, para que não haja confusões. Ainda não dissemos, mas ele sabe muito bem cavar buracos, bem profundos, que lhe permitem ficar livre da presença – intimidadora – de qualquer outro ser vivo. Essa sua "hipersensibilidade" torna-o arredio e fugidio. Não raro, pode ser visto longe do lar, fugindo das pressões da relação com sua parceira e, por incrível que pareça, mostrando uma boa capacidade de relacionamento social, sobretudo com fêmeas.

Quem o vê de longe pode confundi-lo com um ***bicho preguiça*** e pensar que é lento demais. Leva um tempão para fazer coisas que outros bichos – sobretudo algumas fêmeas – fazem em um segundo, mas, quem pensar que sempre é lento estará muito enganado. Quando sente a presença assustadora da sua companheira querendo penetrar em seu território, foge com uma rapidez que bem poderia transformá-lo em campeão de alguma corrida de velocidade.

Mas não lhe peça coerência. Sua autoestima depende quase por completo da opinião que a parceira tem sobre ele. Basta que ela discorde dele em um assunto importante, ou emita uma opinião crítica a seu respeito, para ver como, afundado no maior desespero, e em um tom lacrimoso, afirma: "Ela não me dá valor!"

– E orelhas, tem?

– Claro, mas só as utiliza para ouvir aquilo que lhe interessa, mais nada. Outro tipo de som só o faz partir em disparada.

Por outro lado, como qualquer bicho, possui um par de olhos, mas pode-se dizer que não lhe são de muita utilidade. Não chega a ser cego, mas bem que parece. Só percebe as coisas mais evidentes, não repara nos detalhes e não consegue prestar atenção em mais de uma coisa de cada vez. A sua parceira pode fazer mil manobras para que ele perceba algum detalhe novo, algo que ela fez com seu cabelo, suas roupas ou outras novidades do tipo – nada feito, ele não enxerga!

– É tudo?

– Não, estava esquecendo, é incapaz de emitir qualquer som! Vive mudo e vai morrer calado.

– Muito bem, agora poderiam responder a mesma pergunta sobre os homens?

• • •

E os homens, por que têm tanta dificuldade para compreender as mulheres?

– É curioso, mas é pelo mesmo motivo.

– Como assim?

– Porque a esmagadora maioria deles não sabe que as mulheres são constituídas por diversos ***bichos***. Três, para sermos exatos.

– E quais são esses ***bichos***?

...

Uma Golfinha

Para começar, uma mulher é uma ***Golfinha***. Como é uma Golfinha? Ah! Ela é adorável, toda lisinha, sua pele é muito macia e, que não se esqueça, suas formas são lindas de morrer – e, aqui entre nós, ela adora mostrá-las. Sua voz é tão melodiosa que, quando se comunica, mais parece entoar um canto. Seu proverbial bom humor só é comparável ao do Chimpanzé. Está sempre alegre e risonha, é fisicamente incapaz de dispensar um bom papo. Comunicação é com ela mesma. Ninguém é mais sociável do que a Golfinha, ela anima qualquer roda.

Tem uma disponibilidade infinita. Para ela a palavra ***programa*** tem umas 700 acepções. É animada como ninguém e vive descobrindo novos lugares para conhecer e curtir. Adora passear e se divertir, sua companhia é das mais agradáveis. Quando obrigada a ficar presa durante um período longo, perde o viço e até parece que vai morrer. É chegada em uma novidade, isto é, não seria errado dizer que para ela a vida deve ser sempre uma sequência de novidades. Uma vida sem novidades seria, para ela, uma vida vazia. Se alguém quiser vê-la definhar é só propor-lhe uma companhia desanimada, parada, quieta, conformada. Se ficar parada, tem a impressão de que está sendo levada pela correnteza, para trás! Não se pode esquecer que ela é encantadoramente sedutora (também sabe ser diabolicamente sedutora, é claro). E, posto que falamos disso, ama rolar e ser abraçada. É fascinada pela água e é doida por um bom banho. Destaca-se, sobretudo, por sua aguda inteligência. Utiliza qualquer pretexto para aprender com a experiência e para mudar e crescer. Detesta rotinas – são sua morte – e tem uma criatividade fantástica.

Seus olhos, além de muito belos, conferem-lhe uma capacidade de observação inigualável. É capaz de prestar atenção a várias coisas ao mesmo tempo: vê, ouve, faz mais de uma coisa de cada vez, conversa, pensa e sonha... tudo ao mesmo tempo, sem perder a concentração nem diminuir suas ***performances***. Pensa que os ***bichos*** que não são capazes de fazer a mesma coisa são de má fé ou, simplesmente, ***micróbios***.

Uma Tartaruga

Como no caso do homem, a mulher também está constituída por um outro bicho; ela é uma *Tartaruga*.

– Por que uma Tartaruga?

– Porque, faça o que fizer, ela nunca deixa de se preocupar com a casa. Parece que carrega a casa nas costas. Pode estar longe ou perto, mas nunca esquece da casa. Uma Tartaruga deve ter inventado essa história de que "quem casa quer casa". E, tratando-se de casa, ela tem objetivos muito concretos. Por mais que tenha uma casa, ela sempre está pensando na próxima. Depois de morar um tempo em um lugar, ela começa a sentir que já não está morando em uma casa, mas que está ***demorando*** em uma casa! Pode demorar, mas ela tem uma paciência e uma determinação inesgotáveis e infinitas, e o dia chegará em que ela mudará. A casa que tem é cuidada com muito esmero. Volta e meia, ela a coloca de pernas para o ar. Pode não ter mudado de casa, mas mudou a casa. Não basta, mas ajuda. Quando quer algo, pode ser a passo de tartaruga, mas acaba conseguindo atingir seus objetivos – sabe persistir até a morte. Seu olhar é um pouco triste e não chega muito longe; seus horizontes são para lá de estreitos. Seus olhos parecem ter uma obsessão por pequenos detalhes, sobretudo aqueles banais e não muito importantes. Horários... não se pode pedir às Tartarugas que sejam muito ligadas nessa questão de horário. Por que tanta pressa? Está invariavelmente atrasada, aparece depois da hora combinada e não compreende como alguém pode complicar a vida por uma questão tão tola: o tempo. Ora, o tempo... afinal de contas, o que é o tempo? Despreza os maníacos escravos do relógio e da pontualidade. Seu lema é: devagar que estou com pressa.

A Tartaruga é uma batalhadora e também sabe muito bem procurar sustento para a família, mas, seja como for, por mais que saia para procurar sustento, continua com a sua preocupação, isto é, acaba acumulando as duas funções. A casa sempre sobra para ela – é ela quem toma conta. Acaba sendo seu território, e ai de quem quiser se meter a dar palpites sobre sua administração e funcionamento: pode se dar muito mal.

Uma Arara

– Só?

– Não. Já disse que são três. A mulher também é uma *Arara*. Destaca-se pelo colorido intenso da sua plumagem. É muito vistosa e mestre na arte de chamar a atenção. Tem um bico muito poderoso, capaz de grandes façanhas. Quer um exemplo? Corta qualquer coisa, até ferro, se descuidar. Falar... Ah! Falar é com ela mesmo. Vive atormentada por uma intensa e avassaladora necessidade de falar. É algo inato e indiscutível: ela precisa falar. Quanto menos se fala com ela, mais ela quer falar. O silêncio do parceiro é mais do que uma ofensa, é um verdadeiro desaforo, é uma agressão caracterizada.

A Arara desconhece o significado da expressão "Em boca fechada não entra ***mosquito***". Por falar em ***mosquito***, para ela, bicho que é bicho fala. Quem não fala nem atinge a categoria de ***inseto***! Não entende que alguém possa ficar de bico calado por muito tempo. Ela sabe quão bom é falar... e fala...

Quer vê-la transformada em uma *fera*? É só tentar impedi-la de falar!

Ela é capaz de se comunicar, com facilidade, com bichos de qualquer espécie. Porém, se compreende o que o outro diz é outra conversa. Mas quem se importa! O que conta é falar. Porque ouvir já não é com ela – sua especialidade é outra.

– É surda?

– Não chega a tanto. Mas suas orelhas são tão miúdas e estão tão escondidas, que manifesta certa dificuldade para ouvir. Bem, quando se trata de algo ruim, não deixa escapar uma única palavra e ficará ruminando a coisa por muito tempo. Não é muito coerente. Seu terror pânico de não ser ouvida faz com que o silêncio do parceiro lhe dê a impressão de que ele não quer conversa com ela. E isso é o mesmo que ameaçá-la de morte. Daí, inferir "Ele não me ama!" é só um pequeno passo.

Nessas circunstâncias, sua autoestima fica deste "tamanhinho"... E esse sentimento provoca, invariavelmente, uma verdadeira torrente de palavras.

Seu olhar é de suspeição e está sempre alerta para aquilo que não funciona dentro da relação. Repara, com extrema facilidade, nos defeitos do outro e naquilo que não funciona. Sua visão é proverbialmente curta, mas, quando se trata de suspeitar de presenças femininas em torno do seu parceiro, tem olho de ***gavião***, enxerga de muito longe. Essas "presenças" sempre a fazem ver ***coelho*** no mato. Além do mais, a simples suspeita é transformada em certeza, em realidade. Apronta aquela confusão... e faz voar pena para todos os lados.

Sempre tem uma reclamação, ou uma cobrança, na ponta da língua. Língua que, por sinal, pode ser muito venenosa, de ***víbora***, afirmam alguns. Sabe conjugar perfeitamente o verbo exigir, mas nada do verbo dar. Igual ao Tatu, não brilha pela sua inteligência; o tamanho dos seus cérebros, já o dissemos, é exatamente equivalente: mi-nús-cu-lo. Mas possui uma prodigiosa memória, que mais parece de ***elefante***: jamais esquece uma mágoa, um mau momento.

E?

– E...

– Como podes imaginar, o panorama não é muito alvissareiro. Se fizeres as contas, com tanto bicho na jogada, a coisa só pode ser complicada. Parece até uma Arca de Noé em miniatura. E, como verás, quando se escolhe um parceiro, uma parceira, essa história de um e uma pode ser uma ilusão. Nessa escolha há várias escolhas embutidas em uma só: para namorar, é óbvio que as mulheres escolhem Chimpanzés, e os homens escolhem Golfinhas.

– Eles, Golfinhas e Chimpanzés, foram feitos um para o outro. Ah! Vida maravilhosa a deles! Juntos conformam um casal que dá gosto ver. É difícil imaginar um Chimpanzé tendo problemas por muito tempo com uma Golfinha – sua Golfinha! Ele sempre encontra um jeito de aparar as arestas e voltar às boas. Sempre se mostra capaz de reconhecer sua parte de responsabilidade nas dificuldades e voltar a ser doce e romântico como ela gosta. A Golfinha, por seu lado, nem se fala, tem uma extraordinária facilidade para relevar as mancadas do Chimpanzé – seu Chimpanzé. Ela própria assume que errou e que isso nunca mais vai ocorrer. Seus acolhedores braços são sempre um porto seguro e um argumento irrebatível.

– Ambos são tolerantes e compreensivos. Aceitação seria a palavra chave do momento: os dois, do alto da sua felicidade, aceitam o outro exatamente do jeito que é, sem tirar nem pôr. Quando estão juntos, mais parecem dois ***pombinhos***. Suas respectivas imagens são positivas: para ela, ele é um ***gato;*** para ele, ela é um ***peixão***.

– Então, é realmente maravilhoso!

– É sim, e isso é o que, no começo, eles pensam: como foram feitos um para o outro, tudo vai continuar desse mesmo jeito, sem muitas dificuldades.

– Eles acreditam que não precisam fazer nada em prol da relação, que o amor que têm os protegerá de qualquer ameaça.

– Mas a realidade será diferente. Não tardarão a cair do ***cavalo.***

– E qual é o problema?

– Essa é a questão...

O casal casado

– O problema é que rapidamente têm de tirar o *cavalinho* da chuva, porque quando se casa, a coisa muda, é diferente.

– As escolhas mudam. Para casar, as mulheres escolhem Lobos, e os homens escolhem Tartarugas.

– Quem seria doido o suficiente para imaginar uma família sem uma casa bem administrada?

– Só alguém doido o suficiente para imaginar uma família sem alguém que garanta o seu sustento.

– E casados, o lógico é que esse núcleo passe pelo processo do crescimento e dê lugar a uma família, à chamada célula fundamental da sociedade.

– Dá-se, pois, a reprodução. Vêm os filhotes.

– A casa fica um tumulto, a carga da Tartaruga se multiplica. Ela tem de correr de um lado ao outro para conseguir dar conta do recado.

– E o Lobo?

– Correr é pouco! Não para em casa, porque por mais que ele faça, nunca é suficiente, sempre aparece uma necessidade suplementar. Os filhotes precisam e não querem saber dos "comos"... eles precisam. Seu Lobo que se vire para dar conta. Um corre de cá, o outro corre de lá. Eles quase nem se encontram.

Foi-se a época do sossego, do tempo dos dois. Agora há quem exija presença, cuidados, conforto, carinho e muitas coisas mais.

– O tempo passa, e a situação vai se estabilizando, mas de uma forma em que não há muito tempo nem espaço para certas brincadeiras. A Golfinha e o Chimpanzé ficaram longe, podem até ter sido esquecidos. São o Lobo e a Tartaruga que assumem o comando da situação.

– Ela não entende porque as coisas já não são como antigamente. Agora já não saem como antes, era tão bom! Ele mudou demais, pensa desiludida.

– Ele se sente perdido. Por que ela mudou tanto? Pergunta-se sem jamais encontrar uma resposta adequada.

– Do seu lado, ele não consegue entender por que ela sempre quer sair e tirá-lo da paz de que ele tanto precisa. Por que ela não sossega e o deixa curtir seu sofá e sua TV, se ele sempre está obrigado a andar fora? Ela já não é o que era, mudou muito!

– Assim, a Tartaruga e o Lobo vão se afastando, deixando de lado a Golfinha e o Chimpanzé.

Saudades

– E a mulher não tem saudades do seu Chimpanzé?

– Mas é óbvio! Ela morre de saudades do seu Chimpanzé, da sua alegria, da sua simpatia, mas, sobretudo do seu abraço. Ah, como ela gosta desse abraço.

– O drama é que quase sempre que o busca, descobre que ele não está. Quem aparece é o Lobo. Isto é, aparecer é uma forma de falar, porque aparecer mesmo ele aparece pouco, quase sempre está longe procurando pelo sustento da família.

– E quando aparece mesmo, nem sempre está de bom humor. Aparece rangendo os dentes, querendo sossego e com essa mania de vigiar as fronteiras do "seu" território. Por qualquer "dá-cá-esta-palha", vai soltando os ***cachorros***.

– E o homem não tem saudade da sua Golfinha?

– Claro que sim. Muitas vezes ele tenta chegar perto da sua querida Golfinha, mas sem sucesso. Ele, que espera ansiosamente pelo momento de aproximar-se dela, de encostar-se à sua pele lisinha e macia, acariciá-la, leva um tremendo susto quando se depara com o casco duro da Tartaruga. A Golfinha sumiu, mas a Tartaruga está sempre presente... ocupada com a casa, resmungando e, sobretudo, reclamando da ausência dele.

– Isso quer dizer que a situação não é tão difícil. Se ambos estão com saudades, bastaria que...

– O problema é o ***que***... o coitado desse ***que*** não é tão simples quanto parece. No contexto, eles passam a ter problemas de autoimagem.

– Como assim "problemas de autoimagem"?

– É que eles se veem de formas diferentes. A questão da imagem é um pouco complicada.

– Lembras de que ela o via como um ***gato,*** e ele a via como um ***peixão***?

– Pois bem, agora parece que cada um assume outra forma.

– Ele acha que, mais que qualquer outra coisa, ele é um ***camelo.*** Por acaso, ele não passa a vida ***camelando*** para dar o conforto que todos querem na família?!

– E ela?

– Ela, por sua vez, pensa que todo mundo deve achar que

ela não passa de um ***burro*** de carga!

– Assim vão as coisas, e apesar de ambos ansiarem por se encontrar – ela deseja com todas as forças encontrar seu Chimpanzé, e ele deseja ardentemente encontrar sua Golfinha – mas o encontro resulta um pouco difícil. O ***camelo*** e o ***burro*** estão tão exauridos, que muitas vezes não têm ânimo nem pra brigar. Qualquer momento de sossego é aproveitado apenas para curtir um ***bode***.

– Por outro lado, ela se sente tão mal, que uns quilinhos a mais levam-na a sentir-se a própria ***baleia***.

– E ele?

– Sua autoestima não fica muito melhor, sente-se mais abandonado que ***bezerro*** desmamado.

Encontros ou encontrões?

– O que sucede quando ela procura por seu Chimpanzé e se depara com o Lobo?

– Fica uma Arara! Começa a falar. Bem, falar é também uma forma de falar, porque ela faz um pouco mais do que isso! Ela apronta um escarcéu danado e reclama sem parar. Fala como ***periquito*** na areia quente, parece que engoliu língua de ***papagaio***. “Ela não vai permitir, ela quer o seu Chimpanzé de volta!”.

– E ele?

– Pois bem, quando ouve o que a Arara está falando, reage imediatamente.

– Como?

– Como Lobo. Agressivamente, mostrando os dentes e cuspindo ***marimbondos***. Depois, simplesmente vira Tatu: sai correndo e cava um buraco muito profundo para se esconder. Não diz nada, só se esconde. É boca de ***siri***. Ele não foi feito para emitir sons. Ele foi feito para escapulir diante do primeiro sinal de perigo. Quanto mais ela fala, mais ele se esconde. E quanto mais ele se esconde, mais ela fala.

– E quando o homem procura sua Golfinha e encontra a Tartaruga, fica muito contrariado, rosna como um Lobo. Depois vira as costas e vira Tatu. Cava profundamente para se esconder. Dizer que fica muito magoado é pouco. Fica péssimo. E, sentindo-se rejeitado, só quer saber do seu buraco.

– E quando ele se esconde?

– Ela sente que ele não a ama, fica terrivelmente triste e vira uma Arara. Ela sabe que eles “precisam conversar”... e fala. Ele tem pavor dessa frase. Como bom ***peru***, morre de véspera e pensa: vai sobrar para mim! Mas, assim, quanto mais ele se esconde, mais ela fala, e quanto mais ela fala, mais ele se esconde.

– Aí se instala o reino da frustração!

– Claro, mas não acaba nisso, não! Ela tenta ir atrás dele. E ele tenta fugir. Iniciam algo que mais parece o jogo do ***gato*** e do ***rato***. Quando isso sucede em público, pagam o maior ***mico***.

– E os dois acabam se sentindo o "cocô do ***cavalo*** do bandido".

– E já que estávamos falando de jogo, ele anuncia a entrada em cena de outros bichos.

Outros bichos entram em cena

– Como dizíamos, na medida em que o tempo passa e a Golfinha e o Chimpanzé teimam em ficar sumidos da relação, deixando seu lugar ocupado pelo Lobo e a Tartaruga, também o Tatu e a Arara vão tomando conta da situação. Mas eles são tremendamente incompetentes e incapazes de desfazer a armadilha em que caíram. Ambos persistem em suas atitudes; sempre as mesmas.

Na opinião dele, ela age como uma ***anta*** e insiste em algo que não dá certo. Já para ela, ele se recusa a enxergar a realidade, por medo, assumindo uma ridícula atitude de ***avestruz*** e fazendo de conta que os problemas não existem. Parece que tem sangue de ***barata***, pensa.

O descontentamento chega ao sexo. Basta ouvir as reclamações dela: "Ele, que quando me procurava na cama, parecia um ***tigre***... agora virou ***coelho***!". Ele não fica atrás: "Sempre que me aproximo, ela escorrega como um ***peixe*** ensaboado".

– Assim, as coisas só podem piorar! É uma briga permanente.

– Claro, eles passam a se relacionar como ***cão*** e ***gato***. Nenhum dos dois percebe sua participação na escalada de agressividade. Cada um só vê a parte do outro.

As poucas vezes que conseguem comunicar-se abertamente é para apontar o dedo indicador e afirmar: "Você rosnou!" A resposta não se faz por esperar: "Claro que rosnei, mas porque você latiu!". "Nada disso! Eu lati porque você rosnou!". "Não seja falso, você latiu primeiro!".

– Dessa eles não saem. Um acha que late porque o outro

rosna; o outro acha que só rosna porque o outro late... e assim vão as coisas.

– "Você só sabe reclamar!"

– "E você só sabe fugir!"

Cada um defende, com unhas e dentes, seu ponto de vista. Ele acha que ela é teimosa como uma *mula*. Ela acha que ele é tapado que nem um *jumento*. As acusações voam.

– "É uma *jararaca*!"

– "Não passa de um *cavalo* batizado"

Ambos podem soltar *cobras* e *lagartos*. Mas ambos, também, têm a impressão de estar engolindo muitos *sapos*.

Com frequência, quando ele volta, depois de um dia de *cão* e com uma sutileza de *elefante*, não consegue perceber que ela está com a *macaca*, e mete os pés pelas mãos.

Ela, que o espera com ansiedade, diante da sua demora, pode começar a ver chifre em cabeça de *cavalo*. Recebe-o com um bico deste tamanho e tudo que tem para oferecer é um abraço de *tamanduá*!

Ele fica ***emburrado*** e corre para o seu buraco.

Nessas circunstâncias, o círculo infernal não cessa de ser alimentado, e eles só podem dar com os ***burros*** n'água. Com o tempo, a briga pode se intensificar, ir ficando mais feia, e os filhotes podem se transformar em ***bodes*** expiatórios da situação. De qualquer maneira, quando as coisas saem do controle, costuma ocorrer que as crias acabem pagando o ***pato***.

Não se surpreenda se os filhotes começarem a ficar agressivos e briguentos. Filho de ***peixe, peixinho*** é. No final, acabam também tendo cada ***grilo,*** que vou te contar.

Ambos podem tentar compensar bancando os pais ***corujas***, mas isso de nada adiantará. Ao contrário, ***cobras*** criadas, os filhotes poderão aproveitar-se da situação e fazer ***gato*** e ***sapato*** dos pais.

Agora, voltando à ***vaca*** fria, quando se permite que as coisas tomem esse rumo, novos personagens podem aparecer. Ambos vivem com a ***pulga*** atrás da orelha. Os dois vivem vendo ***gato*** escondido com rabo de fora. Ninguém cede. Cada um acha que, se baixar a guarda, corre o risco de ficar feito ***égua***.

Ele começa a suspeitar de Deus e todo mundo. Qualquer coisa que se mova já lhe parece um ***garanhão*** dando em cima da mulher. Sua insegurança o leva a pensar: "Aí tem dente de ***coelho***".

Ela vê ***galinhas*** por todos os lados. Para não falar das ***peruas*** e das ***piranhas***, todas ***besourando*** o marido.

– Também pudera, se eles não dão nada um para o outro, vão

querer o quê?! O mais provável é que pinte uma *cachorrada*. Nunca faltará um ***garanhão*** com tempo disponível para apreciar os encantos da Golfinha. Nem nunca faltará uma ***galinha*** para fazer com que o Chimpanzé – tão abandonado, coitado – sinta-se o próprio ***rei da selva***.

– A coisa se complica para ***burro.*** Vai ser uma galhada por aqui e uma chifrada por lá!

Será uma confusão só! O tom da discussão vai subir. Essa história de que "***cachorro*** que ladra não morde" não é com eles. Em pouco tempo, a ***cobra*** vai começar a fumar. E ambos se sentem presos numa teia de ***aranha.*** Não conseguem sair dessa situação.

– É como dizem: "Se correr o ***bicho*** pega, se ficar o ***bicho*** come". O casal, em vez de avançar, anda como o ***caranguejo***, para trás. Aí surgem muitas propostas de interferência que, como veremos, podem levar o casal a cair no conto da ***abelha***.

COMEÇARAM COM UMAS
BRIGUINHAS E DEPOIS FOI
UMA CACHORRADA SÓ...

Quando as coisas chegam nesse ponto....

– Muitos bichos ficam excitados e tentam meter o bedelho. Um dos primeiros é o Dr. *Urubu*. Ele é especialista em podres, não deixa escapar um! Quando um dos dois membros do casal cai nas suas garras, ele imediatamente estabelece uma aliança. O outro, o ausente, sempre é o culpado, sempre está errado. Seguindo seus conselhos, chega-se com facilidade à conclusão de que a única saída seria...

– A separação.

– Aí, danou-se. A *vaca* vai pro brejo!

– Sim, porque o Dr. Urubu é um grande separador de casais.

– Mas vocês não haviam dito que eram muitos outros bichos?

– Sim, e essa pode ser uma briga de ***cachorro*** grande, porque também pode aparecer um certo Dr. ***Abutre***. Ele, de altos e reconhecidos voos, chega para "aconselhá-la", e propõe que tome suas providências. Porque se ela não o fizer, com certeza a parte contrária, o cônjuge varão, acabará fazendo-o e prejudicando os interesses da sua constituinte.

– Do outro lado, poderá surgir uma tal de Dra. ***Hiena***, que também fará sua parte. Vai chegar para o "aconselhar" e para o

ajudar a defender os seus direitos, os direitos do seu constituinte, contra as manobras da parte contrária, o cônjuge virago.

– Ambos os cônjuges sentem necessidade de ajuda, e isso vai permitir que cada um caia como um ***peixe*****.** Se seguirem por esse caminho, haverá uma divisão.

– De quê?

– De tudo, mas particularmente dos bens. Uma parte vai ficar com o conselheiro dela. A outra vai ficar com o conselheiro dele: quanto maior for a briga, mais tempo vai durar o litígio e, por conseguinte, maior será a parte deles.

– Vai sobrar alguma coisa?

– Sim, o que sobrar, será dividido entre ele e ela.

Mas precisa mesmo chegar nesse ponto?

– Não, não precisa.

– O que fazer então?

– Simples. Por um lado, fugir do Dr. ***Urubu*** e sair das garras do Dr. ***Abutre*** e da Dra. ***Hiena***. Há outros tipos de conselheiros que não visam colocar os parceiros um contra o outro, com o intuito de provocar a morte do casal e, assim, dividir a carniça. Longe desses três personagens, eles poderão esclarecer a situação e não deixarão passar a oportunidade de acalmar os ânimos e propor um acordo bom para ambas as partes. Mas, para que isso seja possível, talvez precisem contar com a ajuda da ***Coruja***.

– Isso pode resolver?

– No começo pode parecer difícil, a maré sempre dá a impressão de não estar para ***peixe***. Ao mexer com o casal, pode-se sentir que se está mexendo em casa de ***marimbondos.***

– Às vezes ocorre que um dos dois, no início, não quer participar das conversas.

– Isso só vai suceder quando já houve uma experiência negativa com o Dr. ***Urubu***. Ele, como dizíamos, só quer saber dos podres, tem um enorme prazer em buscar patologias. Além do mais, como é incapaz de ver os dois lados, sempre acaba achando

que um dos dois deve ser a ***ovelha*** negra e, claro, o culpado pela situação – normalmente é aquele que está ausente. Parece que só sabe propor separações.

– Nesse caso, entende-se a recusa à participação de um dos cônjuges nas conversas: ***gato*** escaldado teme a água fria.

– Por isso, muitas vezes, ele aparece nas sessões, mas não com o desejo de participar do processo. Não acredita nele. Está presente, mas apenas para que não digam que sabotou a terapia. O resultado disso tudo é que não se envolve e só produz conversa para ***boi*** dormir.

– Outras vezes, quando se trata de um casal mais idoso, alguns acreditam que não vale a pena, que "não se ensina truque

novo para ***macaco*** velho".

– Não haveria nada a fazer?

– Haveria sim. Para a Coruja, quando os dois querem, tudo é possível. Mas é preciso que os dois queiram, porque uma ***andorinha*** só não faz verão. E, em certos casos, a Coruja não hesitará em começar o trabalho com um dos dois membros do casal e, com um ar resignado, dirá: "Mais vale um ***pássaro*** na mão que dois voando". O que não quer dizer que ela dê garantias de que vão conseguir resolver todos os problemas. Em certos momentos a situação é extremamente tensa e confusa, fica mais feia que ***cão*** chupando manga: todos os bichos parecem querer participar ao mesmo tempo.

As acusações voam: – "Você é mão de ***vaca***!"; – "E você tem titica de ***galinha*** na cabeça!". O espírito de ***porco*** toma conta da situação. Às vezes chega a hora de a ***onça*** beber água. Tanto, que a própria Coruja, que se acha ***cobra***, tem a sensação de não acompanhar adequadamente o processo. Sente-se a própria ***lesma***. Tem hora que chega a estar tão confusa, que mais parece uma ***barata*** tonta... sente-se num mato sem ***cachorro***.

Algumas vezes o casal chega tão tarde, que tudo o que há para fazer é aproveitar o momento para crescer e separar-se como adultos, com respeito. Lembrando que os filhotes nada têm a ver com o ***peixe*** e precisam ser preservados.

Mas, muitas outras vezes, reconhecendo que não existe fa-

mília sem Lobo e sem Tartaruga – e que a Arara e o Tatu, se não interferirem muito, também têm direito à existência –, os casais sabem descobrir que, em algum lugar das suas almas, estão escondidos uma Golfinha e um Chimpanzé. É só querer, eles adorariam ser convidados para a festa. Festa é com eles mesmos.

Contando com a determinação deles, a Coruja saberá ter paciência e aceitá-los com suas dificuldades. Ela nunca esquecerá que seu cliente é o casal e, por trás dele, toda a *fauna* familiar.

Sem ter a pretensão de saber o que é melhor para os outros bichos, nem de saber quem é que está certo ou errado – cada *macaco* no seu galho, e essa seria uma tarefa para o juiz –, a Coruja manifestará uma grande disposição para ouvir e intervir de forma a ajudar a

que todos reencontrem seus caminhos. Pode ser juntos e bem... ou separados e bem. Quem sabe são eles, os membros do casal.

Ela não tentará impor suas concepções. Seu lema é: no país do ***sapo***, de cócoras com ele. Seu trabalho consiste em buscar, junto com o casal, as saídas que poderiam ser boas para o próprio casal, sem intentar impor uma suposta solução padrão, válida para todo mundo. A Coruja sabe que qualquer tentativa nesse sentido estaria destinada a fracassar. ***Macaco*** velho não mete a mão em cumbuca.

– Mas, consegue fazer alguma coisa?

– Claro, com a ajuda do casal. Ela acredita que o fato de estarem juntos significa que ainda sobrevivem neles uma Golfinha e um Chimpanzé, e que com eles é possível fazer muita coisa. Como baseia sua intervenção na emoção, muitas vezes acerta na ***mosca***.

Ao atender o casal, pode-se matar dois ***coelhos*** com uma cajadada só: o casal poderá crescer e mudar, da mesma forma que poderá haver crescimento de ambos os parceiros. De qualquer forma, a Coruja deseja que todo mundo fique alerta, porque...

Se não ficarmos alertas...

– A *vaca* irá pro brejo.

– E aí dará *zebra*, na certa... depois não adiantará nada derramar lágrimas de ***crocodilo*.**

A pergunta que fica é:

– *Qual é o bicho que está dando lá em casa?*

– Se, respeitando o direito à existência da Tartaruga e do Lobo, da Arara e do Tatu, a Golfinha e o Chimpanzé estiverem podendo usufruir de boas fugidas – marítimas e terrestres –, estamos conversados. Isso é ótimo, todos os problemas podem ser superados conjuntamente. Mas, se o Tatu e a Arara estiverem aparecendo com muita frequência, se um estiver se sentindo um ***camelo***, o outro um ***burro*** de carga, se estiverem brigando que nem ***cão*** e ***gato,*** significará que não está havendo possibilidade de que dê nem Golfinha nem Chimpanzé.

– É, isso é muito grave.

– Claro, e nesse caso, a Coruja estará esperando. Será preciso conversar. A Golfinha e o Chimpanzé bem que merecem uma segunda chance. Se a tiverem, eles poderão se curtir como ***gato*** e ***gata***.

– Até mais!

– Até mais!

Epílogo

Antes de ter tempo de fazer uma nova pergunta, ou de agradecer pelo momento que acabávamos de passar juntos, os pardaizinhos me cumprimentaram, bateram asas e deixaram um enorme vazio na janela. Eu tive um imenso prazer escutando-os e quis compartilhar com os meus leitores. Por isso, transcrevi na íntegra a minha conversa com o casal de pardais.

Se este pequeno texto trouxer para você um pouco do gosto que tive ao escutá-los, e ajudar a afugentar o espírito de ***porco***, terá valido a pena.

Por favor, não se esqueça de responder à pergunta: ***Qual é o bicho que está dando lá em casa?***

Uma visão pessimista

Tão envolvido pela conversa dos Pardal eu estava, que quando bateram as asinhas e alçaram voo, parecia que quem voava era eu, e não eles. Ao me dar por mim, eles tinham deixado apenas saudades. O parapeito da janela parecia mais vazio do que nunca antes estivera.

Mas eu não sabia, desde o início, que eles acabariam indo embora? É óbvio que eu sabia que eles não ficariam para sempre. Tampouco se trata de não haver tido a reação – educação exige – de agradecer-lhes pelo tempo que me haviam dedicado. Meu drama é bem outro, mais simples.

Temo que seu edificante discurso possa deixar um sabor amargo, de frustração, nos leitores. Eu queria que, concedendo-me um pouco mais do seu precioso tempo, os Pardal respondessem às perguntas que, porventura, pudesse formular o leitor do nosso diálogo. Não poderia ele ficar com a incômoda impressão de que quando "as coisas chegam nesse ponto" atingiu-se, valha a redundância, um ponto de não retorno? A experiência mostra-nos que Sim. Muita gente desiste diante do tamanho da tarefa. Mas nem tudo está perdido. O leitor não precisa ficar com essa impressão.

Não podendo dar-me ao luxo de esperar pela eventualidade de uma nova visita dos Pardal, optei pelo que me pareceu ser a melhor solução: procurar a própria Coruja. Ela, pensei, mata a ***cobra*** e mostra o pau. Por isso, resolvi transmitir-lhe aquelas perguntas que, além de serem as mais frequentes, soem ser as que mais inquietam as pessoas que, desconhecendo o que é a terapia de casal, ainda a veem com receio.

Foi, pois, com esse espírito que a procuramos. Recebeu--nos com sua habitual parcimônia e afeto. Tivemos a grata conversa que, a seguir, tenho o imenso prazer de transcrever.

Uma entrevista com a Coruja

Pergunta: Gostaria de saber se a terapia pode resolver todos os problemas de um casal.

Coruja: Essa questão é muito complexa, e para respondê-la preciso ser muito cuidadosa. Por um lado, creio que um casal é, potencialmente, capaz de resolver todos os seus problemas; por outro, também penso que uma terapia, se bem conduzida, pode ser um excelente meio de ajudá-lo a conseguir esse objetivo.

Como vês, essa resposta implica duas condições: A primeira, e essencial, é que o casal esteja determinado a lutar conjuntamente para atingir o objetivo: uma redefinição da relação, sobre novas bases. A segunda, também importante, é que contem com a ajuda de um terapeuta que, além de ser competente, esteja disponível para se envolver em um processo delicado e complexo.

Pergunta: E se ambas as condições estiverem reunidas?

Coruja: A terapia de casal não é uma panaceia que possa pretender possuir uma resposta para todas as situações imagináveis. Quando, contudo, conta-se com a confluência das duas condições, tudo parece possível.

Pergunta: Mesmo quando se chegou àquele "ponto"?

Coruja: Espera um momento. Esse dito ponto é algo muito abstrato, e sua condição de "não retorno" dependerá das circunstâncias. O que para um casal seria o fim, para outro poderia não o ser. Exemplos? Bem, a infidelidade é um deles. Há casais para os quais ela marca o fim da relação conjugal. Para outros, ela tem sido o início de uma reflexão que os levou a uma redefinição, dolorosa, é verdade, mas positiva ao final das contas.

Eu sei de trabalhos com casais cuja sobrevivência como casal fora abalada pela infidelidade de um dos cônjuges, que procuram por ajuda terapêutica.

Pergunta: E o tratamento teve sucesso? Voltaram às boas?

Coruja: Bem, antes de abordar a questão do sucesso, devo responder à segunda pergunta: sim, é um privilégio especial participar da reconstrução de relações que pareciam destinadas a uma morte ditada pelo chamado "caso extraconjugal".

Pergunta: Mas uma mágoa dessas nunca se esquece...

Coruja: Essa é uma decisão estritamente pessoal. É claro que quem resolve passar o resto de sua vida saboreando a tragédia da traição nunca a supera e, com isso, impede a cicatrização da ferida. Nesses casos parece haver uma cumplicidade implícita entre os parceiros: um trouxe para dentro da relação esse "terceiro", o outro encarrega-se de mantê-lo dentro dela.

Eu tenho, não obstante, o privilégio, dizia-te um momento antes, de ter sido testemunha de inúmeras situações em que da confusão provocada pela angústia daquele que sofreu a infidelidade, e a culpa daquele que a concretizou, passou-se para a construção adulta de uma nova relação.

Pergunta: E a outra pergunta?

Coruja: A que se refere ao sucesso do trabalho? Há diferentes situações. Falemos primeiro do fracasso. Algumas vezes, um dos cônjuges vem para fazer uma "álibi-terapia", isto é, não busca uma solução para os problemas do casal, mas sim um álibi. Vem para dizer: "Nós até fizemos terapia com fulano, mas não deu". Eles "aparecem" na sessão, mas não participam da busca, sabotam o processo. É o tipo de pessoa cujo desejo parece ser que o outro assuma o ônus da decisão da separação. É como se dissesse: "Eu não queria separar, fiz tudo que podia, mas...".

Pergunta: Nesses casos, para um há um fracasso, para o outro, não?

Coruja: Sim, mas para o terapeuta o critério será o grau de maturidade alcançado no processo. Uma separação com respeito, insisto, será, no caso, um sucesso; uma separação confusa, agressiva e desrespeitosa será um fracasso.

Por outro lado, algumas vezes os casais vêm quando já é tarde demais. Eles não nos procuram buscando o reencontro, a construção sobre novas bases. Quer se trate de uma atitude consciente ou não, às vezes um, ou mesmo os dois cônjuges, vêm para que os ajudemos a realizar uma separação adulta. Querem separar-se evitando, ao máximo, as agressões e as conseguintes mágoas. Nesses casos, a separação não resulta ser um fracasso. Aparece-nos como um sucesso.

Pergunta: Mas e os filhos?

Coruja: O que têm os filhos? Eu afirmo que conviver com pais que não se amam, cuja relação de frieza atinge níveis de agressão, velada ou aberta, é muito mais negativo do que ser testemunha de uma separação adulta, na qual o respeito mútuo, bem como o respeito dos próprios filhos, é a regra.

Pergunta: Mas eles sofrem com a separação!

Coruja: Sim, é claro. Ninguém vai pretender que eles ficarão felizes porque os pais se separaram. O que eu quero dizer é que eles sofrem muito mais como consequência de uma situação de desentendimento permanente dos seus pais, do que com a separação responsável. O sofrimento pela separação passa, o sofrimento pela convivência negativa pode durar muitos anos e deixar a impressão, nos filhos, de que casamento é aquela situação horrível em que vivem seus pais.

Pergunta: E uma terapia de casal demora muito tempo?

Coruja: Isso dependerá do tipo de situação e da postura do terapeuta. Em geral, mesmo quando são longos, os processos não compreendem muitas sessões. Explico: a terapia pode ser iniciada e mantida, durante os primeiros três meses, por exemplo, num ritmo quinzenal. Em função da evolução do processo, as entrevistas irão sendo espaçadas: três semanas, um mês e assim por diante. O processo como um todo pode durar mais de um ano, mas o número de sessões não será tão elevado.

Por outro lado, há terapias que duram muito menos do que isso. Quando os problemas não são muito graves, e ambos vêm com o desejo de superar as dificuldades, diminui o número de sessões.

Pergunta: Há muitas coisas que fazem com que um casal brigue, mesmo que isso não necessariamente ameace a sua sobrevida?

Coruja: Sim, mas não são muitas. As fundamentais não passam de uma dúzia. O primeiro deveria ser a comunicação, mas ela além de ser um problema específico em si, é algo que pode estar presente em todos os outros itens da relação. A lista seria a seguinte: Comunicação, que abrange todos os outros; 1. Sexo, afeto; 2. Dinheiro; 3. Relações com as famílias de origem, sogros, cunhados etc.; 4. Filhos: diversas opções educativas; 5. Relações com as amizades; 6. Trabalho, tanto o dela como o dele; 7. Lazer; 8. Concepções ético-filosóficas: religião, política; 9. Território: administração da casa, da vida na rua; 10. Divisão das tarefas. Outros itens que poderiam figurar são: o ciúme, mas não o coloco porque está incluído em sexo-afeto e em relações com outras pessoas; luta pelo poder, mas esta cabe no quesito comunicação.

Pergunta: Cada um desses pontos pode ser, sim, motivo para uma desavença que conduza a uma separação?

Coruja: Claro, e o fato de não chegar a esse ponto dependerá da capacidade do casal de dialogar e de chegar a acordos claros e explícitos sobre cada um dos pontos.

Pergunta: Mas um casal que faz isso não precisa de terapia!

Coruja: Muitos casais fazem isso. E aqueles que têm dificuldade para o fazer, podem, na terapia aprender a fazê-lo. Esse seria um dos bons resultados possíveis: o casal que aprende a se comunicar de forma aberta e que, ao reconhecer as diferenças, elabora, a partir delas, acordos de convivência.

Pergunta: Apesar de os Pardal já terem falado, tenho ainda a dúvida: quando um dos dois não quer participar, não é possível se fazer uma terapia de casal?

Coruja: Antes eu pensava que não. Quando uma mulher pedia terapia por um problema de casal afirmando que "o marido não viria de jeito nenhum", eu me recusava a iniciar o processo.

Mas hoje, com a experiência, diria que quando o terapeuta tem sempre presente que se trata de um casal, é possível trabalhar com apenas um dos membros. Intervém-se, por intermédio da pessoa presente, para se atingir o casal. Os resultados podem ser muito positivos. Com frequência, o cônjuge ausente acaba por aderir ao projeto e chega a participar.

Pergunta: Haveria outros motivos para se procurar uma terapia de casal?

Coruja: Pensando bem, sim. Há casais que procuram estimulados pelos diversos momentos de crise que a vida propõe: a doença de um dos membros; conflitos com uma nora ou um genro; sensação de perda com a saída dos filhos e assim por diante. Esses processos costumam ser ainda mais breves que os outros.

Pergunta: Poderia agregar algo que ficasse para nossos leitores?

Coruja: Sim. Diria, primeiro, que a terapia de casal, além de ajudar a superar os problemas estruturais do casal, pode permitir que cada um dos membros viva um processo de crescimento pessoal, tornando-o uma pessoa melhor. Em segundo lugar, agregaria que a terapia de casal pode ser um processo "descontínuo"; não é necessário deixar chegar no ponto de "não retorno" para, então, tentar. Pode-se iniciar uma terapia por um motivo "simples" e, depois de resolvido, parar o processo e voltar em outra ocasião em que se julgue necessário.

Para concluir, vou entregar, para os leitores, uma série de Certificados. Cada casal deverá fazer uma análise da sua situação enquanto casal e, de acordo com ela, recortar um deles, escrever seus respectivos nomes e sobrenomes e colocá-lo em um lugar bem visível da casa.

Pergunta: Bem, só me resta agradecer pela conversa!

Coruja: Obrigada também!

NOVOS BICHOS
NOVAS HISTÓRIAS

Anos após, novas conversas com pardais especialistas

Quase vinte e cinco anos transcorreram desde que mantive as primeiras conversas com meus amigos pardais, especialistas em casais. Suas lições foram de grande utilidade, sem elas, quem sabe, poderia ter sucumbido à pressão da bicharada. Nossos encontros prosseguiram e eu continuei a aprender deles. Um tempo atrás os vi chegar muito animados. Sempre que têm uma novidade, eles me procuram. Como seria de esperar-se, o papo girou em torno do nosso tradicional tema: o casal e suas vicissitudes.

Eles sugerem que além de saber quais são os animais que entram na composição de homens e mulheres – chimpanzé, lobo e tatu; golfinha, tartaruga e arara – é preciso levar em consideração um importante aspecto subjetivo: a expectativa de cada um. Vou transcrever agora parte do nosso diálogo em que se começa a explorar esse tema. Minha primeira pergunta se referia, claro, às expectativas dela.

O papel da expectativa

– Qual é então o desejo da mulher?

– Ela não quer um bicho, um bicho só seria muito chato para ela. De acordo com sua mentalidade do "não importa quão bom esteja... sempre poderá melhorar", a mulher quer mais.

– E, no caso do casal, esse mais seria o quê?

– É simples. Ela deseja um parceiro "multidimensional".

– Como multidimensional?

– Um parceiro que ***saiba ser*** três bichos!

– Ah, caramba! Não acredito, se um já complica, imagina três.

– Entende, não se trata de três ao mesmo tempo, senão de três, um de cada vez.

– Então aclara logo, quais são esses bichos que a mulher tanto deseja?

Um Leão

Para começar a mulher quer e precisa – a partir das sete e meia da manhã, entenda-se, hora que o marido já se despediu dela e está na rua –, precisa dizíamos de um leão. Mas, atenção, não se trata de um Leão qualquer. Tem de ser um leão forte, incansável, esperto, valente e, por que não dizer, até temerário.

Esse poderoso Leão deverá rugir bem alto e impor sua presença diante de todos. Para ele não haverá trégua e seu combustível será uma explosiva mistura de adrenalina com testosterona.

Cuidado com ele, que ninguém se interponha em seu caminho, pois ele deverá se encarregar, durante a jornada, de abater o máximo de presas e garantir o sustento familiar. O combustível testostero-adrenalínico deverá durar o dia todo. Se acabar, corre o risco de perder a admiração e o respeito da mulher. E o que vale o homem que não tem a admiração dela? Nada, menos do que nada. Um Leão sem respeito e admiração não chega nem a gato vira-lata.

Assim, leão que é leão da mulher, terá de afiar as garras, rugir adoidado, topar qualquer parada e não desistir diante de nada.

– Então, se ele se comportar dessa forma, a mulher o receberá como se recebe um herói?

– Não, não chega a receber.

– Como não recebe!

– Ocorre que aí entra a variedade. Um leão é para ficar na rua, dentro de casa não tem serventia, atrapalha. É mal-humorado, relaxado e agressivo. Encrenca pura. Ele só presta fora de casa, onde deve levar a cabo suas batalhas e conquistas.

– Então?

– Como te dizia, a mulher quer mais; e, enquanto ao tempo, o leão tem validade das 7:30 às 18:30. Quem deve voltar para casa não é ele.

– E quem deve voltar para casa?

Um Urso Panda

– Às 18:30 quem deve aparecer em casa é um urso panda, um bicho muito fofo e de natureza tranquila, que sabe ser amigo e tem uma grande paciência. É pacífico ao extremo e, além do mais, despreocupado: desconhece a existência do estresse, e nada nem ninguém o tira do sério. Não é exigente. Se for recebido com um par de caninhas... de bambu, então, para ele tá ótimo, não precisa de mais do que isso. É brincalhão como ninguém e se caracteriza por um bom humor providencial e perene. É um companheiro de brincadeiras ideal. Seu combustível é a endorfina. Dá gosto vê-lo brincar com as crianças, é uma beleza, nunca se cansa.

Também é festivo, carinhoso e abraçador, mas não fica preocupado em saber se mais tarde "vai ter ou não vai ter". Ele chega, aconchega-se e manifesta seu afeto pelo afeto em si, sem outras intenções. Ter um urso panda como companheiro é sinônimo de paz, de sossego e, claro, de alegria.

Ursos panda, pois, devem ter uma disponibilidade irrestrita para a mulher, nada deve perturbá-los e, sobretudo, ocorra o que ocorrer, devem manter o bom humor e a camaradagem. Mas ele deve saber que sua vez acaba às 21:30.

– Como assim? O urso panda não dorme com a mulher!

– Não dorme.

– Não entendo, um cara tão legal...

– Já deverias sabê-lo, ela quer mais.

– Hummm, ter como parceiros um leão e um urso panda não seria suficiente, é isso?

– Já disse, são três bichos, e não só dois.

– E qual é o terceiro?

– Um tigre.

Um Tigre

Às 21:30, a mulher espera ir para a cama com um tigre. Um bicho imponente cuja presença, por si só, é uma marcação de território e basta como advertência. Suas garras devem ser enormes e manter-se afiadas. Sua descomunal força terá de ser muito bem administrada, de tal sorte que a mulher a sinta, mas não se ressinta dela. Ela deverá gozar daquela sensação de que se encontra a meio caminho entre o perigo e a segurança. O tigre deverá ser ameaçador para o mundo e aconchegante para ela.

No caso de haver crianças, o tigre usará sua assertiva presença para pôr todo mundo para dormir. Ele garantirá que reine em casa um silêncio cerimonial.

O tigre deverá controlar seus ímpetos e mostrar-se indomável diante do sono. Um tigre que não preenche esses requisitos é uma lamentável mistura de coelho com urso: desincumbe-se célere da tarefa e, no início da madrugada, antes da hora – derrotado pelo esforço – desanda a roncar como um fole. Esse lamentável conjunto estaria mais para espetáculo de circo de terceira categoria. Tigre que é tigre, e digno da mulher, deverá ter sempre o tanque cheio de testosterona aditivada com endorfina.

Enquanto isso, do lado dele?

– É sabido que o homem demonstra muito menos inquietudes e quando interrogado sobre o andamento da relação, sói responder com parco "tudo bem!". Significaria isso que ele se conforma com uma mulher que não seja multidimensional?

– De maneira alguma. Homens e mulheres são diferentes, mas nem tanto. Eles também almejam uma mulher multidimensional.

– Então, fala logo dessa demanda de multidimensionalidade de femininos que se aninha na cabeça do homem.

– Todo homem precisa e deseja que sua mulher seja uma castora.

Uma Castora

A partir do momento em que cada um toma seu rumo pela manhã, às 7:30, a mulher deve transmutar-se em castora e iniciar uma exauriente jornada. Terá de correr, pular, nadar, entrar em casa, sair de casa, trabalhar, fazer diques, derrubar diques, controlar níveis de água, reforçar paredes, voltar para casa, vigiar filhotes, sair nadando de novo, buscar comida, retornar a alimentar filhotes, limpar casa, sair de novo, nadar embaixo d'água, tocar no fundo, sair à superfície, ganhar terra firme, correr, mergulhar de novo, nadar na superfície, vigiar a casa, estar atenta aos perigos, preparar o retorno do parceiro, esquecer do significado das palavras descanso, sossego, repouso, pausa. Também deverá repetir os mantras: aguentar, resistir, não ceder, segurar, não pedir arrego, não desfalecer.

No meio dessa voragem a castora deve manter o equilíbrio, a boa presença, a simpatia, a amabilidade, a disponibilidade, a prestança, o tato, a serenidade, a cordura, o recato, a confiança, o fôlego, a resistência. Por outro lado, também deverá zelar por seu porte, seu cheiro, sua cauda, sua pelagem, sua forma. Às 18:30, deverá ter o aspecto de quem acaba de despertar de uma noite do melhor sono da sua vida.

– Isso para receber o parceiro, não é?
– Nada disso. Não é a castora quem recebe o parceiro.
– E quem é?
– A encarregada dessa parte é a ovelha.
– Como deve ser a ovelha?

Uma Ovelha

A ovelha deve ser a representação viva da doçura e mostrar-se incapaz do menor gesto de irritação, sem lhe importar que o meio seja desagradável ou agressivo. Sua paciência e tolerância não terão limites. Demostrará uma capacidade de adaptação única e se sentirá bem em qualquer ambiente. Sempre estará disposta a brincar e a aproximar-se do parceiro. Seus gestos serão suaves e portadores de muito afeto. Demonstrará, sem inibições, seu carinho e sua satisfação. Seu bom humor se traduzirá por uma disposição a achar engraçadas todas as asneiras que o parceiro inventar. Rirá de tudo e por tudo.

Pacífica por natureza, a ovelha é uma grande amiga, compreensiva, solidária, discreta. Não é palpiteira e nunca se intromete, a não ser que sua opinião seja solicitada. Adora sentir-se protegida e aconchegada. Não nega um abraço nem uma lambida. Transpira endorfina e, com uma pitada de ocitocina, cuida dos filhotes como ninguém. Da mesma forma, sabe tomar conta do parceiro com um jeito e um tato inigualáveis.

Seu aspecto é encantador, sua beleza é recatada e sem exageros de nenhuma espécie; seduz, mesmo que de forma muito discreta, aqueles que têm o privilégio de conhecê-la. Suas atribuições cessam às 21:30.

– A ovelha, então, tampouco dorme com o parceiro.

– Claro que não.

– Dormir com ela não seria muito emocionante...

– Imagino.

– Tenho curiosidade por saber quem é o outro bicho.

– Será fácil "adivinhar" se lembrasses qual é o bicho com quem ela vai se encontrar na alcova...

– O tigre...

– E sua parceira será... a pantera!

Uma Pantera

A partir das 21:30, a mulher deverá transformar-se em uma destemida Pantera disposta a... quase tudo. Vestida de rigoroso preto, desfilará sua provocadora silhueta por todo seu território. Suas poderosas garras não deverão aparecer demasiado no começo, já terão sua utilidade mais tarde. Quando o parceiro tiver cara de "É hoje!", deverá ser afastado com uma atitude que transmita um "Sem chance!" ambíguo e brincalhão. Depois desse susto, a pantera tornará a rodeá-lo, de tal sorte que ele seja atingido em cheio pelo aroma dela.

Quando instalados na toca, já isolados do mundo externo, a pantera será uma mistura enlouquecedora de fúria selvagem e ternura infinita. Suas iniciativas serão bem-vindas e terá todos os direitos, menos o de dar mole ou abandonar a refrega. Também terá a prerrogativa de dar vazão a toda sua voracidade e à sua infinita necessidade de mais: poderá pedir mais e terá direito a mais. O embate só acabará quando ela estiver sem forças e no limiar do desmaio.

Em caso de o parceiro sair meio dilacerado do escarcéu, a pantera não deverá abrigar nenhum sentimento de culpa, pois isso longe de amedrontá-lo, alimentará sua fantasia.

E como funciona isso tudo no dia-a-dia?

– O encontro ideal se daria por pares equivalentes: o leão e a castora se desincumbiriam das suas obrigações confiantes um no outro. O urso panda e a ovelha gozariam da mútua companhia afetuosa e tudo terminaria, de maneira apoteótica, com o grande encontro entre o tigre e a pantera.

– Mas isso é possível?

– Em um conto de fadas, sim! Na realidade, vivemos um desencontro contínuo: a Pantera fica sentida com os maus modos do Leão; o Tigre se desilude com uma Ovelha que não quer passar dos aconchegos inocentes; a castora reclama da folga do urso panda; a ovelha sente a ausência do leão; o urso panda não dá conta da fogosidade da pantera; o leão e a castora acham que cada um carrega a maior parte da carga da família; a ovelha tem medo do leão; a pantera fica frustrada com os chamegos meia boca do urso panda...

– O equilíbrio é, então, quase uma impossibilidade.

– Além do mais temos de levar em conta que homens e mulheres temos cada um dos três ingredientes em combinações diferentes: uma mulher pode ser mais castora, mais ovelha ou mais pantera; o homem, do seu lado, poderá ser mais leão, mais urso panda ou mais tigre. As necessidades e aspirações dependerão da própria composição pessoal de cada um.

– A diferença seria, neste caso, a receita para a desavença e a dificuldade.

– Sim, mas isso não deveria ser motivo para desanimar. Os momentos de equilíbrio, isto é, o encontro dos pares correspondentes, demostram na prática ao casal que é possível tirar o melhor partido da vida. Tu, melhor que ninguém, deverias sabê-lo.

– É verdade. Tenho tido o privilégio de trabalhar com casais que, depois de perderem todas as esperanças, voltam pacificados por terem encontrado o espaço da ovelha e o do urso panda, satisfeitos pela compreensão das necessidades e aportes da castora e do leão e, por último, saciados por haver-lhe dado suas respectivas rações ao tigre e a pantera.

Os loucos não são vocês, mas eu!

A despedida e o voo dos Pardal me recolocaram em face de mim mesmo. Sorri ao refletir sobre nossa profissão, sobretudo quando nos põe às voltas com casais. Uma verdadeira loucura.

Há alguns anos, justo enquanto atendia um casal enroscado em uma briga sem fim, um dos dois me lançou a seguinte pergunta: "Cê acha que estamos loucos?". Minha resposta foi imediata: "Não, vocês não, eu! Só um louco pode aceitar engalfinhar-se com vocês em uma terapia!".

Todas as tarefas enfrentadas pelo ser humano têm um começo, um meio e um fim. Inclusive as mais complexas. Se fizermos "aterrissar" um robô em Marte, estaremos diante de uma alternativa: que ele faça o que tem de fazer ou que fracasse. Se a missão enfrentar um problema, como por exemplo, que o robô não consiga fazer as fotos previstas, que não recolha as amostras esperadas, arma-se aquele corre-corre até encontrar uma solução. Resolvida a dificuldade, prossegue-se com o projeto. E se a missão for um sucesso, será um sucesso para sempre e não será questionado. Ponto.

A tarefa da construção de um casal harmonioso, sem embargo, nunca se vê coroada por um sucesso ***definitivo***, inquestionável. Um casal amoroso, que está bem, equilibrado e satisfeito, poderá afirmar, no máximo que está bem e vive de forma harmoniosa até presente; mas não tem como assegurar que a partir desse momento manterá a situação. Há mil armadilhas à espreita e outros tantos escolhos que deverão ser superados. A tarefa do casal nunca acaba. Os desafios do cotidiano fazem com que o equilíbrio e a harmonia tenham de ser uma conquista permanente. Nesse sentido, há outra tarefa humana que lembra a inacabável tarefa do casal: a dos faxineiros. Eles também realizam um trabalho digno de Sísifo, e passam suas vidas em um eterno recomeçar.

O casal desperdiçado

Retornemos ao tema da loucura. Há um tipo de casal que me tira do sério: aquele que tem saúde e ingentes reservas de amor, e, no entanto, vive no meio de um verdadeiro caos. Eles procuram a terapia com o genuíno desejo de abordar as questões que os levaram a transformar sua existência em um inferno, em um campo de batalha semeado de desavenças, mas não conseguem sair da dinâmica das picuinhas e das brigas ridículas. Junto com eles, tenho vivido momentos de profundo desassossego e tristeza; eles, para mim, são a representação viva do desperdício. Esse foi, um dia, meu desabafo com a Coruja. Depois de me ouvir, ela aconselhou: "Quando encontrares um casal desses, entrega-lhes um certificado de 'asnidade mental'". Segui seu conselho, e esse certificado tem sido muito útil para mim e para os meus clientes. Como pode ser útil para alguns leitores, copio-o aqui. Espero que o usem...

CERTIFICADOS

CERTIFICADO

Certifica-se que o casal ____________________, constituído pela Senhora ______________ e pelo Senhor _____________, tem cumprido com os requisitos suficientes e necessários para se fazer merecedor do presente

CERTIFICADO DE CASAL ARARA-TATU

Ambos os cônjuges têm se empenhado, de forma constante e meritória, no aperfeiçoamento das suas respectivas capacidades, reforçando cada um com suas atitudes as atitudes complementares do outro. Ele tem sabido manter seu silêncio mortal, ao qual ela tem sabido responder com uma saraivada de palavras que parece nunca ter fim. Ela tem sabido ser constantemente acusadora, enquanto ele tem sempre respondido com um pavor visceral de qualquer conversa que envolva a relação, fugindo e se escondendo.

____

Coruja

CERTIFICADO

Certifica-se que o casal ____________________, constituído pela Senhora ______________ e pelo Senhor ____________, tem cumprido com os requisitos suficientes e necessários para se fazer merecedor do presente

CERTIFICADO DE CASAL TARTARUGA-LOBO

Ambos os cônjuges têm se empenhado, de forma constante e meritória, no aperfeiçoamento das suas respectivas capacidades, reforçando cada um com suas atitudes as atitudes complementares do outro. Ele, concebendo sua participação no casal como sendo centrada exclusivamente na busca do conforto material e sendo quase ausente. Ela, fazendo da casa seu quartel general, ocupando o território de uma forma que pouco espaço deixa para que o outro tenha a sensação de estar na própria casa.

____

Coruja

CASAL QUE BICHO É ESSE?

CERTIFICADO

Mesmo reconhecendo que a Golfinha e o Chimpanzé estão vivos e desejosos de se mostrarem e usufruírem um do outro, o casal ____________________, constituído pela Senhora ____________ e pelo Senhor ______________, tem permitido que o distante Lobo e a dura Tartaruga se tornem cada vez mais alheios um ao outro e mais seguros de que são possuidores absolutos da verdade (que o outro é que não colabora). Apesar de sentirem o insistente apelo do Chimpanzé e da Golfinha, o casal tem sido conivente com fechada estupidez da Arara e do Tatu, que sabem muito bem o que fazer para transformar a vida em inferno.
Portanto, outorga-se o presente

CERTIFICADO DE CASAL BURRICE EM GRAU COMPLETO

Este certificado deverá ser colocado em uma parte visível da casa, para que a todo momento ambos os cônjuges possam desfrutar do sabor da sua inacreditável façanha.

____

Coruja

CASAL QUE BICHO É ESSE?

CERTIFICADO

Certifica-se que o casal ____________________, constituído pela Senhora ______________ e pelo Senhor ____________, tem cumprido com os requisitos suficientes e necessários para se fazer merecedor do presente

CERTIFICADO DE CASAL ECOLÓGICO

por ter conseguido, ao longo dos anos, preservar um clima de convivência que respeita o direito à vida dos diversos bichos que fazem parte da configuração do casal humano. Começando como um Casal Golfinha–Chimpanzé, soube descobrir que sem a Tartaruga e o Lobo nada seria possível. Finalmente, recuperado do susto provocado pelo inopinado e terrífico aparecimento da Arara e do Tatu, e reconhecendo que todos os bichos têm direito à existência, soube colocar cada um deles em seu devido lugar, permitindo que, com uma certa frequência, a Golfinha e o Chimpanzé assumam o comando da vida.

____

Coruja

CERTIFICADO

A Academia Terapêutica

Considerando que os senhores, ______________________, são duas pessoas saudáveis, bem intencionadas, possuidoras de um nível de educação e cultura apreciáveis, que, apesar da crise financeira que assola o país, conseguem manter um nível de vida satisfatório para eles e para toda sua família (família que é motivo de orgulho pessoal para ambos); e considerando também que, juntos, têm sabido superar dificuldades que teriam derrotado a grande maioria das pessoas e, sobretudo, que constituem um casal que mantém viva a chama do amor, resolve conceder-lhes o presente

CERTIFICADO DE ASNIDADE MENTAL

por conseguirem, através de brigas e discussões ridículas e sem importância, a façanha de desperdiçarem todos os imensos recursos de saúde e amor que possuem e, assim, ameaçar toda sua construção amorosa.

____

Coruja

CASAL... QUE BICHO É ESSE?

Lista de ilustrações

12 Os pardais da janela

14 A célula fundamental da sociedade

19 Segura aí que o bicho vai pegar...

20 Um bicho de sete cabeças

23 Por que as mulheres têm tanta dificuldade para compreender os homens?

25 O Chimpanzé

27 O Lobo

29 O Tatu

31 O cão sem dono

33 E os homens por que têm tanta dificuldade para compreender as mulheres?

35 A Golfinha

37 A Tartaruga

39 A Arara

43 Os pombinhos

45 Você mudou muito!

46 Um camelo

47 Um burro de carga

50 Precisamos conversar! O periquito e o peru

52 A Anta

53 A Avestruz

54 Você rosnou!

55 Porque você latiu!

56 Começaram com umas briguinhas e depois foi uma cachorrada só!

57 A jararaca e o cavalo batizado
58 O casal caranguejo
59 O garanhão e a galinha
61 O Dr. Urubu
62 Quando ele me chifrou... confesso, doeu!
63 Eu não sou cara que leva chifre não!
64 A Dra. Hiena
65 O Dr. Abutre
66 O sapo na gaiola
67 Gato escaldado... tem medo de água fria
68 As lágrimas de crocodilo
69 A Zebra
70 Tirando o cavalinho da chuva
71 O espírito de porco
75 A Coruja
85 Leão
87 Urso Panda
89 Tigre
91 Castora
93 Uma Ovelha
95 Uma Pantera
99 Casal desperdiçado
103 Certificado Casal Arara – Tatu
104 Certificado de Casal Tartaruga- Lobo
105 Certificado de Burrice em grau supremo
106 Certificado de Casal Ecológico
107 Certificado de Asnidade mental

Ilustrador

Marcelo Bicalho é ilustrador e designer, com trabalhos publicados por algumas das mais significativas editoras brasileiras e uma sólida produção publicitária.

Premiado por seu trabalho com escultura em papel (3D *Ilustrators Awards Show*- USA), participou de coletiva no Clube de Diretores de Arte de New York.

Entre outros trabalhos, destacam-se o Relatório Anual do SENAI 1997, capas para as revistas Exame e Superinteressante e as imagens do livro Infantil *Corujices* no site: www.marcelobicalho.com.br